Armin Täubner

HEXENZAUBER

MIT WINDOWCOLOR UND PAPIER

frechverlag

Von Armin Täubner sind im frechverlag viele weitere Bücher erschienen. Hier eine kleine Auswahl:

TOPP 2641

TOPP 2366

TOPP 2640

TOPP 2535

TOPP 2362

TOPP 2593

Fotos: frechverlag GmbH + Co. Druck KG, 70499 Stuttgart;
Fotostudio Täubner

Dieses Buch enthält:
2 Vorlagenbogen

Auflage:	5.	4.	3.	2.	1.	Letzte Zahlen
Jahr:	2004	2003	2002	2001	2000	maßgebend

ISBN 3-7724-2643-3 · Best.-Nr. 2643

frechverlag GmbH + Co. Druck KG, 70499 Stuttgart
Druck: frechverlag GmbH + Co. Druck KG, 70499 Stuttgart

Wenn Sie in diesem Buch blättern, treffen Sie *HEXEN* beim Brauen ihrer Zaubertränke oder beim Flug durch die Winde. Lassen Sie sich von den liebenswürdigen Gestalten bezaubern – ob mit Besen oder Drachen, mit Kopftuch oder *HEXENHUT*. Der schwarze Kater und der krächzende Rabe sind fast überall dabei und auch das Knusperhäuschen darf natürlich nicht fehlen.

Und was braucht man, wenn man selbst zu einer *HEXENPARTY* einlädt? Überraschen Sie Ihre Gäste mit Einladungs- und Tischkarten sowie fantasievollen Dekorationen für Tisch, Wand und Fenster: Laternen, Faltband, Mobile, Fensterbilder, Anhänger, Beschriftungen und Aufkleber sorgen für die richtige Stimmung.

HEXEN haben das ganze Jahr Saison, nicht nur zur Faschings- und Karnevalszeit, an Halloween oder in der Walpurgisnacht, wenn sie auf ihren Besen über den Blocksberg reiten und die Gegend verunsichern. Also auf zur *HEXENPARTY*!

ZAUBEREIEN MIT TONKARTON

1. Pausen Sie die Motivteile nebeneinander mit Bleistift auf Transparentpapier (Architektenpapier) ab und kleben Sie das Papier auf einen dünnen Karton.
Nun werden die Motivteile mit Schere oder Cutter (Bastelmesser) ausgeschnitten. Achten Sie beim Arbeiten mit dem Cutter auf eine geeignete Schneideunterlage. Die ausgeschnittenen Teile sind Ihre Schablonen.

2. Übertragen Sie die Umrisse der Schablonen in der benötigten Anzahl auf Tonkarton.

3. Schneiden Sie die Motivteile aus.

4. Kleben Sie die Teile in der angegebenen Reihenfolge zusammen.

TIPP

Sollen Vorder- und Rückseite gleich aussehen, müssen Sie fast alle Motivteile doppelt ausschneiden. Die Teile für die Rückseite werden in der gleichen Reihenfolge, jedoch spiegelverkehrt aufgeklebt.

Zwei exakt gleiche Motivteile ausschneiden

Ist der Umriss einer Schablone auf Tonkarton übertragen, schneiden Sie das Motivteil grob aus und heften es mit einem Bürotacker auf ein zweites, etwa gleich großes Kartonstück von gleicher Farbe. Wenn Sie nun den Umriss nachschneiden, erhalten Sie zwei identische Motivteile.

Bunte Hexerei mit Windowcolor

1. Abpausen oder fotokopieren

Pausen Sie das Motiv auf Transparentpapier (Architektenpapier) ab oder fertigen Sie einfach eine Fotokopie des Motivs an. Stecken Sie das abgepauste Motiv bzw. die Fotokopie in eine Klarsichthülle (Prospekthülle) aus Polyethylen oder Polypropylen im Format DIN A4. Schieben Sie zur Versteifung noch einen Karton im selben Format (DIN A4) in die Klarsichthülle hinter das Motiv.

Sie können auch eine für Windowcolor geeignete Malfolie verwenden. Klarsichthüllen haben den Vorteil, dass die abgepauste oder kopierte Vorlage einfach hineingesteckt wird, während bei den anderen Folien die Vorlage von hinten mit Klebefilm befestigt werden muss.

2. Konturen malen

Nun werden die Konturen der Vorlage mit der Konturenfarbe nachgezogen.

Die Konturenfarbe trocknet je nach Fabrikat in drei bis acht Stunden.

3. Ausmalen

Es folgt das Ausmalen der Konturen mit den Farben. Diese sind dünnflüssiger als die Konturenfarben. Die Füllfarbe wird in kreisenden Bewegungen aufgetragen. Sie kann auch als Klecks aufgebracht und dann mit einem Zahnstocher verteilt werden.

Achten Sie darauf, dass die Füllfarbe in jedem Motivfeld ringsum direkt an die Konturenfarbe anschließt – sie darf diese ruhig auch ein wenig überdecken. Tragen Sie die Farbe nicht zu dünn auf. Die frische Farbe ist meist leicht milchig und wird erst nach dem vollständigen Durchtrocknen transparent. Die Trocknungszeit beträgt etwa einen Tag.

Tipps und Tricks

Kristallklar

Aus Stabilitätsgründen sollten die freien Innenflächen des Motivs immer mit Kristallklar ausgemalt werden. Diese Farbe ist beim Auftrag milchig, trocknet aber farblos auf.

Korrekturen

Die betreffende Konturlinie wischen Sie entweder mit angefeuchtetem Küchenpapier ab, oder Sie lassen die Farbe trocknen. Mit dem Cutter unterbrechen Sie die Konturlinie, heben das fehlerhafte Stück ab und malen es neu.

Bei den farbig ausgemalten Flächen gehen Sie ähnlich vor. Hier wird die fehlerhafte Farbfläche evtl. samt umgebender Konturlinie entfernt und neu gemalt.

Luftblasen

Überprüfen Sie die noch feuchten Konturen und Farbflächen auf Luftbläschen und stechen Sie diese mit einem Zahnstocher oder Ähnlichem sofort auf.

Aufbewahrung

Windowcolor-Motive haften auf allen glatten Oberflächen, lassen sich bei mittleren Temperaturen leicht wieder abnehmen und an anderer Stelle neu fixieren.

Aufbewahrt werden Windowcolor-Motive in aufgeschnittenen Klarsichthüllen.

HEXENGEBRÄU

MOTIVGRÖSSE:

Hexe ....ca. 22 cm x 24 cm
Tisch.........................ca. 25 cm x 20 cm

MATERIAL: WINDOWCOLOR

- Kontur: Schwarz
- Farben: Saftgrün, Hellgrün, Kirschrot, Orange, Gelb, Hautfarbe, Schwarz, Mittelbraun, Hellbraun, Ultramarinblau, Türkis, Violett, Weiß, Kristallklar

Für das Gefäß auf dem Bunsenbrenner rühren Sie etwas Saftgrün in das Hellgrün ein, in das Weiß etwas Ultramarinblau.
Die freien Zwischenräume auf und unter dem Tisch sowie der linke Glaskolben, den die Hexe in der Hand hält, werden mit Kristallklar ausgemalt.
Die schwarzen Pupillen auf den Tieraugen werden erst aufgetupft, wenn die anderen Farben trocken sind.

Tafelordnung für die Hexengilde

MOTIVGRÖSSE:

Hexenkarte .... 15 cm x 21 cm
Tischkarte mit Hut .... 20 cm x 10 cm
Tischkärtchen mit Katze .... 7 cm x 10 cm
Anhänger mit Rabe .... 11 cm x 11 cm

MATERIAL:

- Wellpappe in Dunkelblau
- Tonkarton in Weiß, Schwarz, Beige, Hellbraun, Dunkelbraun, Rot, Gelb
- Weißer Lackstift
- Schwarzer Filzstift
- Lochzange
- Roter Wollfaden

Schneiden Sie zunächst die Kartenrohlinge aus Wellpappe zu (Hexenkarte: 30 cm x 21 cm, Tischkarte mit Hut: 20 cm x 20 cm, Tischkärtchen mit Katze: 14 cm x 10 cm, Anhänger mit Rabe: 22 cm x 11 cm).
Die Hexenkarte wird auf der gewellten Seite in der Mitte angeritzt und zu einer Doppelkarte (15 cm x 21 cm) gefaltet. Die anderen Karten falzen Sie ebenfalls in der Mitte.
Übertragen Sie die Konturen der Motivschablonen auf Tonkarton. Die Teile werden ausgeschnitten, zusammengeklebt und gemeinsam mit den beschrifteten Namensschildchen auf der Wellpappe fixiert.
Katzen- und Rabenaugen werden mit einem weißen Lackstift aufgemalt und erhalten nach dem Trocknen schwarze Filzstift-Pupillen aufgetupft. Der Anhänger wird gelocht und mit dem Wollfaden versehen.

Sabrina

Hui, auf zum Blocksberg!

MOTIVGRÖSSE:

Hexe mit Hut ....ca. 29 cm x 20 cm
Hexe ohne Hut..........ca. 28 cm x 19 cm

MATERIAL: WINDOWCOLOR

Hexe mit Hut

- Kontur: Schwarz
- Farben: Kirschrot, Mittelbraun, Hellgrün, Schwarz, Gelb, Weiß, Hautfarbe

Hexe ohne Hut

- Kontur: Schwarz
- Farben: Gelb, Ultramarinblau, Schwarz, Hautfarbe, Kirschrot, Mittelbraun, Weiß

Übertragen Sie, wie in der Einleitung beschrieben, die Konturen und füllen Sie die Felder nach dem Trocknen mit den entsprechenden Farben aus.

Blubber, blubber, Hexenkessel!

MATERIAL:

- Tonkarton in Schwarz, Dunkelbraun, Hellbraun, Hautfarbe, Gelb, Orange, Rot, Grün, Grau
- 2 weiße Klebepunkte (ø 8 mm)
- Schwarzer Filzstift

Hexe

Legen Sie den Hexenkopf an den Kleidkragen an. Nun wird das graue Haarteil aufgeklebt. An den Ärmeln kleben Sie von hinten die Hände und von vorne die roten Säume an. Der linke Ärmel wird am Kleid befestigt, Kochlöffel, Stock, Tasche und Stoffflicken werden angebracht. Auf das Klebepunktauge malen Sie eine schwarze Pupille.

Feuerstelle

Am Kessel werden unten die beiden Flammenteile und die Holzscheite angeklebt. Oben befestigen Sie den Bügel. Kleben Sie das hölzerne Dreibein auf die Bodenfläche. Der Kessel wird aufgehängt und durch den Raben (Klebepunktauge) sowie den Hut ergänzt. Zum Schluss werden noch Holzmaserung und sonstige kleine Details aufgemalt.

MOTIVGRÖSSE:

Hexe ....
ca. 21 cm x 28 cm
Feuerstelle ....
ca. 24 cm x 29 cm

HEXENRITT AUF DEM DRACHEN

MOTIVGRÖSSE:
ca. 29 cm x 17 cm

MATERIAL: WINDOWCOLOR

- Kontur: Schwarz
- Farben: Hellgrün, Saftgrün, Kirschrot, Hautfarbe, Mittelbraun, Schwarz, Weiß, Kristallklar

Die freien Flächen zwischen Drachenschwanz und Flügeln sowie zwischen Hut und Haaren werden mit Kristallklar ausgefüllt.

Knusperiges Hexenhäuschen

MOTIVGRÖSSE:
ca. 20 cm x 28 cm

MATERIAL: WINDOWCOLOR

- Kontur: Schwarz
- Farben: Hellbraun, Mittelbraun, Kirschrot, Rosa, Hellgrün, Saftgrün, Gelb, Hellblau, Schwarz, Weiß, Kristallklar (Schornstein)
- Weißer Lackstift

Malen Sie die schwarzen Konturen und tupfen Sie das grüne Katzenauge auf. Nach dem Trocknen werden die Konturen farbig ausgemalt.

Sind die Farben trocken, können Sie die Lebkuchen und die Türpfosten mit Punkten und Strichen verzieren.

Mit einem weißen Lackstift kann noch ein Lichtreflex auf das Katzenauge getupft werden.

Drei Hexenkinder

(Anleitung Seite 18.)

MOTIVGRÖSSE:

Hexe mit schwarzem Hut ....ca. 13 cm x 27 cm
Hexe ohne Hut ....ca. 17 cm x 29 cm
Hexe mit lila Hut ....ca. 28 cm x 30 cm

Drei Hexenkinder

(Abbildung Seite 16/17)

MATERIAL:

- Tonkarton in Schwarz, Dunkelbraun, Hellbraun, Hautfarbe, Gelb, Rot, Grün, Lila
- Schwarzer und lila Filzstift
- Weißer Klebepunkt (ø 8 mm)

Hexe mit lila Hut

Befestigen Sie das ovale Kopfteil von hinten am roten Haarteil. Nun wird der Kopf am schwarzen Kleid angebracht. Setzen Sie der Junior-Hexe den Hut auf. Nun werden die Hände samt Besen sowie die Stiefel am Kleid angeklebt. Malen Sie das Gesicht auf.

Hexe mit schwarzem Hut

Auch hier wird der Kopf von hinten am roten Haarschopf befestigt, bevor er auf das Kleid geklebt wird. Sind die Füße angebracht und die Pantoffeln angezogen, werden lila Filzstiftstreifen auf die Strümpfe gemalt. Dann kommt der Hut. Kleben Sie den Besen und zum Schluss die Hände an.

Hexe ohne Hut

Auf das schwarze Kleid kleben Sie die Ärmel und die Schuhe. Nun wird der Kopf von hinten am Haarteil befestigt und das Gesicht aufgemalt. Kleben Sie den Kopf auf das Kleid. Abschließend werden Besen und Hände angebracht.

Hexenlicht

MOTIVGRÖSSE:

ca. 29 cm x 20 cm

MATERIAL:

- Tonkarton in Schwarz
- Regenbogen-Transparentpapier in Rot- und Gelbtönen
- Weißer oder gelber Buntstift

Fertigen Sie eine Schablone des Motivs an und übertragen Sie die Konturen auf schwarzen Tonkarton. Wenn Sie dazu einen weißen oder gelben Buntstift verwenden, sehen Sie die Markierungen beim Ausschneiden besser. Nach dem Ausschneiden mit dem Cutter (Schneideunterlage!) wird der schwarze Rahmen an den beiden senkrechten (gestrichelten) Linien angeritzt und umgeklappt. Abschließend werden die ausgeschnittenen Flächen mit Regenbogen-Transparentpapier hinterklebt.
Beleuchten Sie die Tischlaterne entweder mit Teelichtern oder Kerzenhaltern aus Metall. Die Kerzen sollten nicht unbeaufsichtigt brennen!

Rabe, Hexe, Fledermaus – wer fliegt mit zum Tanz hinaus ...

MOTIVGRÖSSE:

Einladung ....ca. 12 cm x 22 cm
Namensschild ....ca. 13 cm x 21 cm
Anhänger ....ca. 10 cm x 15 cm
Fledermaus ....ca. 11 cm x 5 cm

MATERIAL: WINDOWCOLOR

- Kontur: Schwarz
- Farben: Schwarz, Kirschrot, Gelb, Hautfarbe, Saftgrün, Hellgrün, Weiß
- Windowcolor-Folie
- Lochzange
- Faden

Einladung zum Hexentanz

Auf die auf Maß geschnittene Windowcolor-Folie werden mit schwarzer Konturenfarbe Hexe, Rabe und Schrift aufgemalt. Nach dem Trocknen werden Hexe und Rabe ausgemalt. Die Einladung erhält einen roten Rahmen.

Namensschild

Das Namensschild können Sie entweder auf Windowcolor-Folie aufmalen und dann ausschneiden oder Sie verwenden eine Klarsichthülle, von der Sie das Motiv abziehen und auf den vorgesehenen Hintergrund aufkleben.

Anhänger

Malen Sie das Motiv auf Windowcolor-Folie und schneiden Sie es mit Schere oder Cutter (Schneideunterlage!) aus. Das Aufhängeloch für den Faden stanzen Sie mit der Lochzange aus. Mehrere Anhänger im Raum ergeben eine tolle Partydeko.

Fledermaus

Die auf Windowcolor-Folie aufgemalte und ausgeschnittene Fledermaus kann entweder auf einen Trinkhalm oder ein Drahtstück geklebt werden oder in einen mit einem Schlitz versehenen Korken gesteckt werden.

Sabrina

Bottleparty in Hexenhausen

MOTIVGRÖSSE:

Getränkekarte ....ca. 22 cm x 30 cm

MATERIAL:

- Tonkarton in Rot und Gelb
- Windowcolor in beliebigen Farben
- Lack- oder Filzstifte
- Streichhölzer

Getränkekarte

Aus rotem Tonkarton schneiden Sie eine Karte mit unregelmäßigem Mittelteil heraus und sengen dann den Innenrand vorsichtig mit brennenden Streichhölzern an.
Achtung: Seien Sie dabei sehr vorsichtig und arbeiten Sie über dem Waschbecken oder im Freien!
Eventuell sind mehrere Versuche notwendig. Hinterkleben Sie die Karte mit gelbem Tonkarton. Denken Sie sich eine fantasievolle Beschriftung aus.

Gläser und Flaschen

Die verschieden großen und unterschiedlich geformten Gläser und Flaschen werden mit Windowcolor-Aufklebern verziert. Trinkgläser und Flaschen beschriften Sie zusätzlich.
Die Gefäße können Sie mit Getränken füllen, die sich mit Lebensmittelfarben beliebig einfärben lassen. Auch Götterspeise, Gelees und allerlei Süßigkeiten aus Lakritz und Weingummi eignen sich ausgezeichnet für hungrige Hexenmägen.

Gift
dreck

HEXENMOBILE

MOTIVGRÖSSE:

ca. 50 cm x 52 cm

MATERIAL:

- Tonkarton in Schwarz, Weiß, Gelb, Rot, Grün, Hautfarbe, Braun
- 3 Rundholzstäbe (ø 3 mm): 1 x 28 cm Länge, 2 x 21 cm Länge
- 8 grüne Holzperlen (ø 10 mm)
- Rote Wasserfarbe
- Pinsel
- Wassergefäß
- Nadel
- Messer oder Gartenschere
- Weißer Lackstift
- Schwarzer Filzstift
- Dünner roter Baumwollfaden

Schneiden Sie mit Messer (Schneideunterlage!) oder Gartenschere aus einem 1 m langen Rundstab drei Stücke von passender Länge zurecht und bemalen Sie sie mit roter Wasserfarbe. Nach dem Trocknen werden die Holzperlen aufgeschoben bzw. aufgesteckt. Bei dem längeren Stäbchen ergibt sich die genaue Position der beiden mittleren Perlen erst nach dem Ausbalancieren.

Die Augen der Katze und der Raben sowie die Punkte auf den Fliegenpilzen werden mit einem weißen Lackstift aufgemalt. Die Pupillen tupfen Sie mit dem Filzstift auf.

Hexe, Besen und Raben werden beidseitig gearbeitet, d.h., bei der Hexe werden bis auf Kopf und Kleid alle Teile doppelt benötigt.

Nach dem Zusammenkleben der Einzelmotive stechen Sie die Aufhängelöcher ein. Nun können die Motive aufgehängt und ausbalanciert werden.

HEXENSCHLOSS IM ZAUBERWALD

MOTIVGRÖSSE:

Schloss ....ca. 17 cm x 29 cm
Hexe ....ca. 19 cm x 14 cm

MATERIAL:

- Tonkarton in Schwarz und Gelb
- Regenbogen-Transparentpapier in Rot- und Gelbtönen
- Eventuell Nachtleuchtpapier
- Weißer oder gelber Buntstift
- Zirkel

Fertigen Sie von Hexe, Fledermaus und Schloss Schablonen an und übertragen Sie die Umrisse mit einem weißen oder gelben Buntstift auf schwarzen Tonkarton. Nun werden die Motive ausgeschnitten. Die Striche auf der Vorlage schneiden Sie als feine Schlitze nach. Die Fenster des Schlosses hinterkleben Sie mit Regenbogen-Transparentpapier. Den Vollmond (ø 14 cm) zeichnen Sie mit dem Zirkel (Radius 7 cm) auf gelben Tonkarton oder auf Nachtleuchtpapier, das Sie zuvor auf Karton aufgeklebt haben.

Halloween: Kürbiszeit

MOTIVGRÖSSE:
ca. 13 cm x 25 cm

MATERIAL: WINDOWCOLOR

- Kontur: Schwarz
- Farben: Kirschrot, Orange, Zitronengelb, Schwarz, Hellgrün, Saftgrün, Bordeauxrot, Hautfarbe, Mittelbraun
- Weißer Lackstift

Wenn die Farben getrocknet sind, können Sie mit einem weißen Lackstift noch Lichtreflexe auf die Augen tupfen.

HEXENZAUBER-BUCH UND RABE KRÄX

MOTIVGRÖSSE:
ca. 22 cm x 15 cm

MATERIAL: WINDOWCOLOR

- Kontur: Schwarz
- Farben: Schwarz, Rubinrot, Bernstein, Mittelbraun, Gelb, Weiß, Hellgrün, Saftgrün, Kristallklar

Die freie Innenfläche des Motivs wird zur Stabilisierung mit Kristallklar ausgemalt.

Rund um das Hexenfest

(Abbildungen Seite 1 und Seite 31)

Karten und Stecker

MOTIVGRÖSSE:

Einladungskarte .... 11 cm x 16 cm
Tischkarte .... 16 cm x 9 cm
Hexen-Party-Karte .... 10 cm x 15 cm
Stecker .... ca. 8 cm x 8 cm

MATERIAL:

- Tonkarton in Schwarz, Rot und Weiß
- Schwarzer Filzstift
- Lineal

Fertigen Sie von den Hexenköpfen Schablonen an und übertragen Sie die Umrisse auf roten oder schwarzen Karton. Die Köpfe werden mit dem Cutter ausgeschnitten (Schneideunterlage!).
Aus weißem Karton werden die Karten zurechtgeschnitten (Einladungskarte 22 cm x 16 cm, Tischkarte 16 cm x 18 cm, Hexen-Party-Karte 10 cm x 30 cm), in der Mitte angeritzt und zu Doppelkarten gefaltet. Sie können auch fertig gekaufte Briefkarten verwenden. Kleben Sie einen Hexenkopf auf die Karte.
Spinne, Schriftzug und Details werden mit Filzstift aufgemalt. Das Spinnennetz gelingt am besten mit dem Lineal.

Laterne

MOTIVGRÖSSE:

Durchmesser 15 cm, Höhe 28 cm

MATERIAL:

- Wellpappe in Schwarz
- Regenbogen-Transparentpapier
- Lochzange

Fertigen Sie eine Schablone der Hexe an und übertragen Sie die Konturen auf die glatte Rückseite der auf 48 cm x 28 cm zurechtgeschnittenen Wellpappe. Nun wird das Motiv mit dem Cutter herausgeschnitten (Schneideunterlage!) und das Hexenauge mit einer Lochzange ausgestanzt.
Hinterkleben Sie das Motiv mit Transparentpapier. Formen Sie aus der Wellpappe eine Röhre und fixieren Sie diese. Stellen Sie ein Teelicht hinein. Sie können aber auch den Boden einer runden Käseschachtel als Laternenboden verwenden (dann den Laternendurchmesser dem Käseschachteldurchmesser anpassen). Lassen Sie das Teelicht nicht unbeaufsichtigt brennen.

Katzenband

MOTIVGRÖSSE:

ca. 43,5 cm x 10 cm

MATERIAL:

- Tonpapier in Schwarz
- Lochzange
- Bürotacker

Falten Sie einen schwarzen Tonpapierstreifen (43,5 cm x 10 cm) jeweils nach 14,5 cm zickzackförmig auf. Mit einem Bürotacker wird das Ganze an zwei Stellen außerhalb des Motivs zusammengeheftet.
Es folgt das Ausschneiden mit dem Cutter (Schneideunterlage!). Die Katzenaugen werden mit der Lochzange ausgestanzt. Und nun können Sie das Band entfalten.

Hexen-
Party

STOFFHEXE MIRANDA

MOTIVGRÖSSE:

ca. 40 cm x 28 cm

MATERIAL:

- Tonkarton in Schwarz und Hautfarbe
- Klein gemusterte Stoffreste
- 30 dunkle Wollfäden, ca. 40 cm lang
- Wollrest für den Besen
- Dünne Weidenrute, ca. 40 cm lang
- 25 Birkenreiser, ca. 20 cm lang
- Schwarzer Filzstift
- Textilkleber

Schneiden Sie das Kleid, den Ärmel und den Stiefel doppelt aus. Bestreichen Sie eines der Kleider und einen Ärmel dünn mit Klebstoff (Textilkleber) und legen Sie ein Stück dunklen Stoff auf. Drehen Sie das Kleid um. Schneiden Sie die Umrisse nach. Das andere Kleid und der zweite Ärmel werden – seitenverkehrt – ebenfalls mit Stoff beklebt und ausgeschnitten. Kleben Sie den Kopf zwischen die beiden Kleider. Diese werden nur bis zur Hüfte zusammengeklebt, damit später noch der Besenstiel dazwischen geschoben werden kann. Ein Stiefel wird am vorderen Kleid, der andere am hinteren angeklebt. Jetzt können die Ärmel angebracht und mit dem mittig gefalteten Handteil verbunden werden.

Legen Sie die Wollfäden in der Mitte über den Hexenkopf und kleben Sie sie an. Malen Sie Augenlider und Grübchen auf, bevor Sie der Hexe das aus buntem Stoff geschnittene Kopftuch umbinden. Damit die Kopftuchränder nicht ausfransen, ziehen Sie den Rand auf der Rückseite dünn mit Klebstoff nach.

Legen Sie nun die Reiser so um den Stiel der Weidenrute, dass er ca. 10 cm verdeckt ist. Binden Sie sie an zwei Stellen fest und stecken Sie den Stiel in Rock und Handteil der Hexe. Und schon geht Miranda auf Tour!